Produktivität steigern

Mit diesen 10 Tipps deine Produktivität verdoppeln

Inhaltsverzeichnis

Einleitung 1
Kapitel 1 3
1. Selbsterkenntnis 3
2. Prioritäten erkennen.............................5
3. Vermeidung überwinden durch Rahmung 8
4. Einschleichende Routine des Vermeidens 12
Kapitel 2 15
5. Motivation 15
6. Halbzeit 17
7. Prüfung 21
Kapitel 3 26
8. Steigerung 26
9. Techniken zur Verbesserung 30
10. Produktivität auf verschiedenen Ebenen 31
Impressum 36

Einleitung

Hast du Termine, die bei dir immer aufgeschoben werden? Einen inneren Schweinehund, der sich nicht überwinden lässt und grundsätzlich immer eine Ausrede bei Freunden, zu viel zu tun zu haben? Dann kannst du in diesem Buch lernen, diese Sätze für die Zukunft aus deinem Wortschatz zu verbannen, indem wir dir zeigen, wie du aus dem Terminchaos eine Struktur entwickelst und dich laufend erfolgreich dazu motivierst, Arbeiten einzuhalten und mit einem positiven Gefühl alle Arten von Aufgaben anzugehen- Kurz gesagt: Wie du deine Produktivität steigerst.

Morgens nach dem ersten Kaffee sind wir alle voller Tatendrang, beginnen unsere Arbeit und mit zunehmender Zeit gerät alles aus dem Konzept: Wir verschieben Termine, wir haben die aufgeschobene Arbeit von letzter Woche noch nicht erledigt und an die kommende Woche möchte man gar nicht erst denken…Ertappt? Doch woran liegt es, dass wir das Gefühl haben grundsätzlich weniger zu schaffen, als wir uns vornehmen und uns damit schlecht fühlen?

Zunächst ist es wichtig klare Ziele zu formulieren und mit Kontinuität an den Aufgaben zu arbeiten. Die meisten von uns wissen in der Theorie was zu tun ist, aber strategisch vorzugehen, erst recht wenn es sich um Aufgaben handelt die unangenehm sind, fällt uns schwer. Doch wie fängt man an? Wir zeigen dir, dass die Umsetzung deiner Ziele möglich ist und sich durch kleine Meilensteine erfolgreich realisieren lassen.

Auf den folgenden Seiten ist daher dein eigener Einsatz gefragt. Wir helfen dir, dich und deine Motivation zu durchleuchten und mit kleinen Schritten an die großen Aufgaben zu führen. Wie du am besten erkennst wodurch du dich ablenken lässt und wie du Prioritäten setzt um dir einen Überblick zu verschaffen, werden wir dir auf den folgenden Seiten erklären.

Was wirst du lernen?

-dich selbst besser einzuschätzen

-Ablenkungen zu erkennen

-strategisch vorzugehen

-dich immer wieder selbst zu überprüfen

-dich auf lange Sicht in erheblichem Maße zu verbessern

Kapitel 1

1. Selbsterkenntnis

Wir beginnen mit der Frage, wofür du deine Zeit verwendest. Nimm dir einen Stift und ein Blatt zur Hand und überlege dir, wie viel Zeit du täglich mit verschiedenen Aufgaben verbringst. Auf der Arbeit beginnst du den Tag motiviert, doch am Ende des Tages bleibt das schlechte Gewissen, nur die Hälfte geschafft zu haben und als Student schaust du doch eher noch eine weitere Folge deiner Lieblingsserie, statt dich an die Hausarbeit zu setzen. Aus dem Verlangen den Aufgaben aus dem Weg zu gehen, versinken wir immer mehr in eine Routine des Vermeidens. Statt dich dafür zu verurteilen und das mulmige Gefühl zu verdrängen, solltest du ehrlich mit dir selbst sein und zunächst akzeptieren, dass dich deine Motivation im Stich gelassen hat. Einen Schritt, den du möglicherweise noch nicht erkannt hast, ist bereits getan: Du hast das Problem erkannt und suchst in diesem Buch nach einer Lösung. Gut gemacht!

Doch damit ist es noch nicht getan. In der Selbsterkenntnis sind viele verschiedene Faktoren enthalten, die sich alle auf den

Erfolg der zu erledigenden Arbeit auswirken. Um die Sinnhaftigkeit zu hinterfragen, gehen wir weiter in die Psychologie und versuchen auch die unangenehmen Fragen anzusprechen. Steht hinter der Aufgabe eventuell eine Abneigung, die sich aus der Arbeit selbst entwickelt hat? Sind es Teilerfahrungen oder sogar ganze Geflechte an Interaktionen, die ein Gefühl der Abneigung erzeugen? Oder um es in anderen Worten auszudrücken: Willst du die besagte Arbeit überhaupt ausführen? Hinter einer erliegenden Motivation verbergen sich andere Gründe als hinter einer tiefer liegenden Abneigung. In diesem Fall solltest du dir darüber Gedanken machen, ob eine andere Stelle oder Tätigkeit dir eher zusagt, bei der du dich künftig bewirbst. Es ist weder für deinen Vorgesetzten noch für dich die optimale Lösung wie bisher weiterzumachen. Auch wenn das Gehalt stimmt, die Wohnlage oder andere Gründe vorliegen weiterzumachen, sollten sie nicht über deinem persönlichen Wohl stehen. Denn auf lange Sicht macht der Langzeitstress krank. Nicht ohne Grund leiden heute viele vermehrt ab Burnout, Depressionen oder andere psychische Krankheiten und Belastungen, die zu Arbeitsunfähigkeit führen können.

Wichtig hierbei ist die Art des Stresses zu erkennen. Stress kann auch positiv sein: er spornt zu Höchstleistungen an und nach getaner Arbeit stellt sich ein Glücksgefühl ein. Wenn du also mit deiner Tätigkeit im Großen und Ganzen glücklich bist, kannst du weitermachen an dir zu arbeiten. Die meisten Menschen tendieren eher zu Faulheit und verfügen nicht über nötiges Know-How die Arbeiten wirklich produktiv anzugehen. Theoretisch weiß jeder was zu tun ist, doch viele können die Vorgehensweise bei sich selbst nicht anwenden.

2. Prioritäten erkennen

Du wirst in deinen Notizen erkennen, dass vor allem wichtige Aufgaben von dir aufgeschoben worden sind. Sie sind auch für das schlechte Gefühl verantwortlich, denn du weißt, dass diese Aufgaben erledigt sein sollten, weil sie schon längst auf dem Schreibtisch eines Kollegen liegen sollten oder weil die Hausarbeit in Rohfassung immer noch bei einem Kommilitonen liegt... .

Diesen Aufgaben solltest du absolute Priorität beimessen, denn Sie erzeugen das Gefühl, weil sie meist einem Chef oder einem anderen Vorgesetzten vorgelegt werden müssen und sie über den Erfolg des Jobs oder Studiums entscheiden.

Nimm dir deshalb ein neues Blatt zur Hand, ein kleines Büchlein oder irgendetwas anderes, das deine Motivation anregt oder dich positiv stimmt. Es soll dir einen Neustart ermöglichen und das beginnst du am besten mit einem neuen Gefühl.

Nun schreibst du deine Aufgaben nach Prioritäten auf, aber setze dich nicht unnötig unter Druck und versuche allen Aufgaben in gleicher Weise gerecht zu werden. Ein häufiger Fehler den viele machen ist, sich zu viel auf einmal vorzunehmen. Das Scheitern ist vorprogrammiert, denn die Ziele sind unrealistisch hoch und deine Erwartungen können nur enttäuscht werden. Du stündest vor dem gleichen Dilemma aus dem du dieses Buch in die Hand genommen hast: Die Aufgabe erscheint nicht umsetzbar. Stattdessen entwickelst du umso mehr ein Gefühl der Unerreichbarkeit und die Frustration wird weiterhin durch solche Erfahrungen angeregt. Also: Ein Ziel oder auch Teilziele sollen möglichst klein und realistisch sein. Nur so kannst du ein befriedigendes Gefühl erreichen nachdem du eine Aufgabe geschafft hast. Aus der Motivation heraus generierst du eventuell neue Motivation, die du für das Erreichen der nächsten Aufgabe einsetzen kannst. Sollte sich nach aber nach der Erledigung einer Aufgabe diese Gefühl noch nicht einstellen, sei unbesorgt: Am Anfang dauert es ein wenig, bis das Glücksgefühl aktiviert wird. Das Glücksgefühl braucht eine Weile bis es sich einstellt, da es auf Konditionierung beruht, die erst einmal erlernt werden muss. Wer im Fitnessstudio angefangen hat, wird sich an die ersten Male erinnern, als der Muskelkater lediglich Schmerz war und jedes Training eine Zumutung. Doch nach einer Weile stellte man fest, dass sich danach zunehmend ein gutes Gefühl einstellt, das Ansporn gibt weiterzumachen und über seine Ziele hinauszugehen. Jede Tätigkeit ist hiermit vergleichbar. Es braucht ein Training, eine Routine, die uns Zufriedenheit lehrt.

Doch wie beginnst du die erste Aufgabe?

Formuliere unter deinen Aufgaben Teilziele, wie z.B.: „Zuerst das Dokument lesen, wichtiges unterstreichen", wenn du einen Abschlussbericht anfertigen sollst. Oder: „Inhaltsverzeichnis anlegen, recherchieren."... . Kleine Schritte verschaffen uns einen Überblick und geben uns das gute Gefühl zurück, das wir verloren haben. Auch wenn es seltsam klingt, aber mehr als das solltest du dir für den Anfang nicht vornehmen. Die erste Aufgabe sollte sich abgeschlossen und gut anfühlen. Eine Liste anzulegen gehört zu der Erledigung deiner Aufgaben und bildet die Grundlage deiner Arbeit. Wichtig ist außerdem sich am Anfang etwas zu unterfordern, auch wenn die Aufgaben sehr klein sind und der Erfolg mickrig erscheint. Ein Deckblatt ist keine geistige Überforderung und innerhalb von wenigen Minuten realisierbar und eignet sich ebenso als erste Erledigung. Aber die Tatsache es beendet zu haben wird in deinem Kopf unter „erledigt" gespeichert und nur über diesen Weg lässt sich das große Ganze bewältigen.

3. Vermeidung überwinden durch Rahmung

Vermeidungsstrategien gehören zu den am schwersten zu überwindbaren Teilzielen, die wir hier ansprechen. Denn wir haben sie über lange Zeit in unsere täglichen Gewohnheiten aufgenommen und bemerken sie im Grunde nicht mehr. Das Bewusstsein auf die eigenen Handlungsabläufe zu richten, um Vermeidungsstrategien zu erkennen, erfordert Selbstreflexion und den Willen nach Veränderung. Warum lassen wir uns ablenken, auch wenn wir konzentriert sind im Geist?

Die Ablenkung selbst ist im Grunde ein Zeichen davon, dass wir immer den Weg des geringsten Widerstands suchen. Die Einstellung zu unserer Aufgabe ist unangenehm und vom Unangenehmen distanzieren wir uns in der Regel. Es erfordert Übung auch die unangenehmen Dinge zuzulassen und zu akzeptieren. Achtsamkeit sich selbst gegenüber kann hilfreich sein. Wenn du dich also das nächste Mal wieder von deiner Aufgabe abwenden möchtest und die Bilder in deiner Vorstellung nicht erträgst, welche Konsequenzen auf dein Nichtstun folgen, ist es erst einmal wichtig das Gefühl zuzulassen. Statt sich jetzt im Kopf zwanghaft in eine positive Einstellung zu bringen, akzeptierst du den gegenwärtigen Gedanken: „Ich habe wirklich keine Lust auf die Aufgabe. Aber es ist vollkommen ok."

Vielleicht wendest du bereits solche Tricks an z.B. wenn du ein Vorstellungsgespräch hast oder vor vielen Menschen reden musst. Sobald man vor den Menschen sitzt oder steht, die einen beurteilen, werden die meisten von uns nervös. Die körperlichen Anzeichen für Stress lassen sich äußerlich erkennen in Stottern, Schwitzen, roten Flecken im Gesicht und Dekollte…Und dann sagt man sich: „Ok, das kenne ich ja schon. Es ist wie es ist." Plötzlich verschwinden die Anzeichen, man kann sich wieder auf das Gesagte konzentrieren und sich mit den Gedanken auseinandersetzen, die zu der Präsentation gehören. Die Panik verschwindet und wir werden gelassener. Die Angst verschwindet bei uns also erst dann, wenn wir sie akzeptieren. Wir können uns der eigentlichen Sache erst dann wieder widmen, wenn der Stress nachlässt und wir uns nicht mehr von ihm ablenken lassen.

Wenn der Rahmen in dem du deine Aufgaben beginnst nicht definiert wird, wird es sehr schwer die Aufgabe im Blick zu behalten. Der Arbeitsplatz sollte aufgeräumt sein, um nicht auf andere Ideen zu kommen. Ein Fenster direkt hinter dem Computer oder eine weiße Wand geben dir Raum deine Gedanken frei zu entfalten. Denn Gegenstände und Bilder regen unsere Fantasie auch an und so driften wir in andere Gedanken ab. Oder sogar der Computer selbst, den wir für unsere Aufgaben meist benötigen, gibt zahlreiche Möglichkeiten noch schnell etwas zu bestellen, nachzuschauen usw. und das Internet zu benutzen. Es ist daher ratsam, den Browser zu schließen, sofern er nicht notwendig ist für die Bearbeitung deiner

Aufgabe. Du kannst aber genauso gut erst einmal handschriftliche Arbeiten verfassen und sie später abtippen. Die Problematik besteht nur solange, wie du dir Gedanken während der Arbeit machen sollst. Und wenn du den Computer nicht zwangsläufig benötigst, ist es von Vorteil allein mit sich und dem weißen Blatt Papier zu sein. Finde einfach heraus, was für dich am Effektivsten ist und merke dir den Weg für die Zukunft. Vielleicht sagen dir mehrere Techniken zu, je nach Tagesform, denen du nach Lust und Laune folgen kannst.

Auch Zeit spielt ein wesentlicher Faktor bei der Rahmung. Es kann sein, dass du nach 20 Minuten eine perfekte Einleitung verfasst hast. Dennoch sind 20 Minuten täglich nicht ausreichend um produktiver zu werden. Deshalb musst du dir eine klare Zeitgrenze setzen. Unterrichtsstunden in der Schule beschränken sich auf 45 Minuten, in denen wir einen Konzentrationshöhepunkt nach etwa 30 Minuten erreichen, auch wenn sich die Werte nach Kindern richten und erwachsene sich länger durchgehend konzentrieren können. Danach baut die Konzentration ab und man sollte sich eine Pause gönnen, die nicht zu lange dauern sollte. Denn um geistig innerhalb der Aufgabe zu bleiben, sollte man sich ihr nicht zu lange entziehen. Gerade am Anfang ist es besser, die Zeit eher knapp zu bemessen und konzentriert am Stück zu arbeiten.

Ist dir aufgefallen, dass wir unter Zeitdruck oft viel mehr leisten? Es hilft, sich danach mit einer Freundin oder einem Freund zu verabreden. Wir haben ein klares Ziel, unsere Belohnung, vor Augen und arbeiten daher konzentrierter und effektiver. Belohnungen, Zeit und andere Faktoren geben uns den Rahmen und definieren die zu erledigende Arbeit zusätzlich. Du kannst sie auch täglich einsetzen, solange es dir hilft an der Aufgabe zu bleiben.

4. Einschleichende Routine des Vermeidens

Wenn du jedoch feststellst, dass du nur die Zeit absitzt, weder arbeitest noch denkst, dann wäre es ratsam sich damit auseinanderzusetzen woran das liegt. Viele schaffen den Rahmen und je öfter sie die Routine durchführen, desto mehr verfallen sie in alte Muster. Solltest du z.B. unter Kopfschmerzen leiden sobald du dich an die Arbeit setzt, liegt vermutlich kein primär gesundheitliches Problem vor. Es ist auf psychologische Faktoren der Verdrängung zurückzuführen, zumindest dann, wenn die Kopfschmerzen vorbei sind sobald du dich etwas anderem widmest. Es geht vielen so, dass sich körperliche Beschwerden der Verdrängung einstellen, sobald die Aufgabe begonnen werden soll. Gesundheitliche Ursachen sollte man aber nicht unterschätzen! Wenn du dich einfach schlecht fühlst, ist es Zeitverschwendung an einer Aufgabe zu arbeiten, die du nur halb so gut wie sonst ausführen kannst. Zusätzlich wird die Erfahrung mit negativen Erinnerungen angereichert und da du womöglich ohnehin über ausreichende Unlust verfügst, machst du die Situation nur noch schlimmer.

Wenn du die Ursachen des Unwohlseins kennst, dann bekämpfe sie einfach. Bei Stress ziehen viele ihre Schultern hoch und verkrampfen sich im Nackenbereich. Daraus entstehen starke Kopfschmerzen, auf lange Sicht bei einigen sogar Migräne. Zwischendrin kann man daher den Nacken etwas lockern oder, wenn es die Zeit zulässt, sogar Sport machen. Sich ausreichend bewegen, gut essen und trinken, sind perfekte Grundlagen um auch geistig lange Zeit durcharbeiten zu können. Durch die Anreicherung an Sauerstoff im Gehirn lösen sich Denkblockaden und neue Ideen entwickeln sich. Einige tauschen sich gerne mit anderen beim Training aus, andere wiederum bevorzugen ein Einzeltraining für sich. Beides ist gut, wobei es hilfreich sein kann, mit den Gedanken auch eine Weile allein zu sein. Wenn du kein Sport machst, solltest du einen Spaziergang machen oder das Fenster öffnen.

Kontrolliere daher regelmäßig dich, deine Gedanken, dein körperliches Wohlbefinden, um nicht in alte Gewohnheiten abzuschweifen . Auf lange Sicht müssen sie deine alten Gewohnheiten ersetzen und zu deinen Neuen werden.

Versuche hierbei ehrlich mit dir selbst zu sein. Die Anstrengungen, die du bisher unternommen hast, sind alle hinfällig sobald du dich selbst belügst. Sollte es dir gut gehen und auch alle anderen Rahmenbedingungen geschaffen sein um produktiv zu arbeiten, lass dich nicht von deiner eigentlichen Aufgabe ablenken. Damit schadest du nur dir selbst und enttäuschst dein eigenes Vorhaben. Du bist die einzige Person, die was an deiner Situation ändern kann, also versuche dich zu motivieren und arbeite weiter an der Aufgabe.

Kapitel 2

5. Motivation

Vielleicht hast du schon einen Teil deiner Aufgaben geschafft, kannst dich aber immer noch nicht motivieren an der Aufgabe zu bleiben. Manchen Menschen hilft es daher, sich in Gedanken vorzustellen, wie ihr Erfolg aussehen könnte. Die Anerkennung der Kollegen, dass man viel mehr geschafft hat, eine Gehaltserhöhung, den Urlaub den man daraufhin mit reinem Gewissen buchen kann... Andere belohnen sich lieber mit einer Serie, einem Shopping-Tag oder einer Party. Wichtig ist herauszufinden, was einen selbst dazu motiviert an der Aufgabe kontinuierlich weiterzuarbeiten. Es hilft, seine eigenen Gedanken dabei zu beobachten, was passieren würde, wenn man die Aufgabe erfolgreich beendet hat. Träume geben ein gutes Gefühl, sie sind unbegrenzt und teilweise unrealistisch. Aber darauf kommt es nicht an. Träume sind Räume in denen wir uns bewegen können, ohne dass wir Regeln oder Logik folgen müssen. Nimm dir Zeit zum Träumen und schweife so richtig aus. Ein Traum gibt uns die Freiheit weil er uns nicht unter Druck setzen kann. Sie können wahr werden oder auch nicht, aber wenn sie es nicht tun beruft man sich darauf, dass es eben nur ein Traum war. Es kann mit Ihnen folglich nichts Schlimmes passieren. Die Vorstellung nach der Arbeit von den Kollegen bewundert zu werden und vom Chef befördert, ist eventuell übertrieben, aber auch gar nicht unmöglich.

Vielleicht reicht es auch schon, sich seine Ängste bewusst zu machen, die die Aufgabe bisher unmöglich erscheinen ließ. Du leidest eventuell an der Angst, dass dein Chef dir kündigt und deine Stelle mit der neuen Kollegin besetzt, die ihr Studium soeben abgeschlossen hat und gekonnter an ihre Aufgaben geht als du. An dieser Stelle lass dir gesagt sein, dass Vergleiche weder deiner Motivation noch dir persönlich dienlich sind. Auch wenn andere wirken als wären sie in allem besser, sind meist nur unsere Zweifel Schuld an unserer Wahrnehmung.

Doch wenn du die Möglichkeit hast, mit den besagten Personen zu sprechen, die wirken als könnten sie es besser, kannst du dir ein besseres Bild von ihnen und ihren Fähigkeiten machen. Der Kontakt baut die Illusion ab und die Kollegen werden zu Menschen mit ähnlichen oder sogar gleichen Problemen. Möglicherweise lassen sich Freunde finden, mit denen du dich verbünden kannst und die dir bei deinem Ziel behilflich sein können. Und wenn nicht, reicht es schon mit ihnen in der Pause einen Kaffee trinken zu gehen, um dich danach wieder an den Schreibtisch zu setzen. Wir brauchen den Realitätsabgleich mit Kollegen, Freunden und Familie um uns deutlich zu machen wo wir stehen. Daher sollten soziale Kontakte nicht in deiner Arbeit untergehen, sondern von dir gefördert werden, auch wenn du nicht viel Zeit für sie aufbringen kannst. Auf lange Sicht wird die Arbeit sonst erdrückend und der Ausgleich leidet, den wir jedoch benötigen um uns weiterzuentwickeln.

6. Halbzeit

Inzwischen hast du dir Techniken und Fähigkeiten antrainiert, kennst dich, deine Gewohnheiten und Gedanken nun besser und kannst gezielter mit ihnen arbeiten. Du fühlst dich vielleicht noch ein wenig unsicher mit deinen Gewohnheiten oder sie wollen noch nicht so richtig funktionieren. Halte dich nicht allzu lange mit den Fähigkeiten auf, die dir noch fehlen. Sondern erkenne erst einmal das, was du bisher geleistet hast.

Nehme dir einen Zettel, dein Tagebuch, ein Businessbuch, deine Kalender oder eine andere Schreibgrundlage und schreibe folgendes auf:

-Wann habe ich mit der Bearbeitung der Aufgabe angefangen? Bis wann muss ich fertig sein?

-Was hat mich motiviert?

-Wie viele Stunden habe ich bisher an der Aufgabe gearbeitet?

-Was habe ich bisher erledigt?

Eines sollte dir direkt auffallen: Du hast etwas geschafft. Auf die Quantität kommt es im Moment noch nicht an. Und im Vergleich zu der Ausgangslage ist es sicher auch nicht unerheblich. Du kannst eine solche Liste auch am Anfang anlegen wenn es dir hilft. Die Aufzeichnung dient zu folgenden Zwecken: Sie zeigt dir, dass du an der Aufgabe gearbeitet hast. Sie zeigt auch, dass du einiges geschafft hast und das auch dann, wenn die Menge im Vergleich zum Anfang gering ist. Aber es gibt eine Steigerung und diese musst du anerkennen. Es ist wichtig, dass du jetzt keine Vergleiche zu dem ziehst, was du noch tun musst. Es motiviert nämlich nicht, auf Unvollständigkeit, Fehler oder sonstiges hinzuweisen, dass der selbst auferlegten

Perfektion im Wege steht. Den Eindruck, dass die erfüllten Teilziele nicht genug sind, kannst du in die Schublade „Understatement" verlegen. Sei stolz auf das, was du geschafft hast!

Trotzdem sind wir noch nicht am Ende unserer Arbeit angelangt. Diese Fragen solltest du ab jetzt regelmäßiger stellen. Je nachdem, wie du dir deine Arbeitseinheiten eingeteilt hast, schreibst du dir am Ende auf was du geschafft hast. Wenn du von Montag bis Freitag arbeitest, dann schreib die das erledigte am Freitag nach der Arbeit auf und geh mit einem guten Gefühl in das wohlverdiente Wochenende. Wenn du nur zweimal die Woche daran sitzt, lohnt es sich auch hier am Ende der letzten Einheit die Fortschritte zu dokumentieren. Die Woche sollte aber als Rahmen definiert sein, daran kann man am ehesten abschätzen wie weit man gekommen ist. Wenn du über die gemachten Fortschritte unsicher bist oder du den Eindruck hast, deine Produktivität ist gefallen, beantworte die Fragen zwischendrin. Beachte jedoch, dass deine Fortschritte an der Arbeit selbst abgelesen werden müssen. Denn grobes Abschätzen kann zu Subjektivität führen und sich den einen Tag nach viel, den anderen nach wenig erledigter Arbeit anfühlen. Verliere also nicht den Überblick indem du ungenau mit deinen

Aufzeichnungen vorgehst. Wie viel Seiten du geschrieben hast oder ansonsten erledigt hast, sollte eine Einheit bilden und die musst du auch genauso dokumentieren. Die gemachten Schritte werden sich sonst nicht mehr nachvollziehen lassen und die Fortschritte verschwimmen mit dem schlechten Gewissen, zum Teil aus gutem oder aus gar keinem Grund.

Es macht Sinn, sich erneut Fragen zu stellen über die eigene Motivation. Sie sollte sich weiterhin wie eine Belohnung anfühlen und nachdem du vielleicht schon über mehrere Wochen hinweg dich auf gleiche Weise belohnt hast, solltest du über eine höhere Belohnung nachdenken. Wir gewöhnen uns schnell an Gegebenheiten und erkennen sie dann nicht mehr richtig. Deshalb ist es ratsam, die Belohnung auch zu variieren um sie wieder spürbar zu machen. Sie sollte sich gefühlt deutlich von der Arbeit abgrenzen und möglichst stark gut anfühlen. Im Besten Fall fühlt sich die Arbeit gar nicht mehr so schlecht an. Belohnen solltest du dich aber nur auf einer anderen Stufe, wenn es dir als Motivation auch weiterhilft. Wenn dich deine bisherige Motivation genug erfüllt hat, fahre damit fort. Die wertvollere oder andere Belohnung ist dann sinnvoll, wenn du sie wieder erlebbar machen musst, weil sie dich nicht mehr richtig motivieren kann.

7. Prüfung

Vermutlich hast du schon einige positive Gefühle zu deiner Aufgabe entwickelt. Sollte dies nicht der Fall sein, gehe alle bereits gelesenen Kapitel durch und versuche die Gründe hierfür zu ermitteln. Denn nach einer gewissen Zeit von ein paar Wochen sollte sich eine Verbesserung auf allen Ebenen eingestellt haben. Hier ein kleines Resume, welches dir auf die Sprünge helfen sollte:

Es kann an der Aufgabe, dem Job und alles damit verbundene liegen. Du willst diese Aufgabe gar nicht ausführen, hast jegliche positiven Gefühle verloren und du willst eigentlich woanders arbeiten. Dieser Fall stünde für die Unmöglichkeit einer Lösung und du solltest dir ganz klar darüber sein, ob dies der Fall ist! Deine Liste ist unvollständig, unregelmäßig geführt, sodass sich Ziele nicht mehr erkennen lassen können. Das kann passieren, Inkonsequenz ist weit verbreitet, aber du solltest spätestens jetzt erkennen wie wichtig Ordnung hierbei ist. In einem späteren Stadium gibt es womöglich kaum noch Probleme damit, wenn du einen Tag unproduktiv warst, weil du die Vergleichsmöglichkeiten zu anderen Tagen hast und dich von ganz allein an deiner Aufgaben setzt, ohne an Motivation oder Zeiteinteilung zu arbeiten. Nur so weit sind wir leider noch nicht.

Psychologische Faktoren können ebenso noch eine Rolle spielen. Die Angst vor einer Kündigung, der schlimmste Fall könnte eintreten und die Angst hiervor konntest du in der Zwischenzeit nicht bearbeiten. Halte dir noch einmal vor Augen, was die die Angst davor bringt. Du ahnst es schon, genau: Nichts! Weder steigert Angst deine Produktivität, noch beeinflusst sie dich auf irgendeiner anderen Weise positiv. Die Vorstellung, den Job zu verlieren scheint fast befreiend? Der Druck scheint abgebaut und das Schicksal hält immer ein Hintertürchen offen. Für die, die die Erfahrung noch nicht gemacht haben, lasst euch gesagt sein, dass es so ist. Solange ihr nicht darauf wartet dass euer nächster Chef an der Tür klingelt und ausgerechnet euch einstellen möchte, könnt ihr ein wenig Ruhe einkehren lassen. Wenn ihr stetig nach neuen Lösungen für euer Problem sucht, findet ihr auch welche. Auch wenn es seltsam ist, aber das Gefühl nichts zu verlieren, versetzt uns in Ruhe. Und wenn wir gelassen sind, können wir uns besser auf unsere Angelegenheiten konzentrieren. Daher solltest du versuchen dich von deinen Problemen nicht zu sehr ablenken zu lassen.

Und jetzt kannst du weitermachen. Von diesem einen Job (und vielleicht ausgerechnet von diesem Job nicht), dieser einen Person ect. hängt euer persönliches Glück nicht ab.

Ein anderes Problem kann deine Motivation sein, die nicht den erwünschten Effekt auslöst. Wenn dich nichts motivieren kann, dann fehlt es möglicherweise an Perspektiven.

Eine andere Ursache, die dich an der Weiterentwicklung hindert, können Depressionen sein. Es ist möglich, dass du das Problem schon länger hast und es noch nie in diesem Zusammenhang erkannt hast. Hierbei ist wichtig, was das persönliche Umfeld dazu sagt und das solltest du ernst nehmen. Wenn nicht nur die Aufgaben sondern alles in deiner Welt unter deiner Demotivation leidet, ist es wahrscheinlich, dass du an Depressionen leidest. Im Internet kannst du gezielt nach Ärzten suchen, die sich mit dem Thema auskennen und einen Termin vereinbaren, um das Problem zu behandeln. Aber bevor du zu einem Angst gehst, solltest du dir sicher sein, dass du ein wirkliches Problem hast.

Des Weiteren sind die Rahmenbedingungen deines Arbeitsumfeldes noch nicht klar definiert: Der Schreibtisch und der gesamte

Arbeitsplatz enthalten immer noch Gegenstände, die deine Aufmerksamkeit auf sich lenken. Du kannst radikal vorgehen und alles von deinem Arbeitsplatz entfernen, dass nicht im direkten Zusammenhang zu deiner Aufgabe steht. Dazu zählen Bücher, Stifte, Kalender, Bilder usw. Dinge, von denen man glaubt, man könne sie während der Arbeit gebrauchen und es doch nicht tut. Letztendlich stehen sie auf dem Tisch oder hängen an der Wand und lassen den Arbeitsplatz voll erscheinen. Je weniger sich auf dem Schreibtisch und um uns herum befindet, während wir arbeiten, desto weniger werden wir verführt sie länger anzusehen und sich in Gedanken zu verlieren. Ein weißer Schreibtisch, eine weiße Wand, ein Computer und 2-3 andere Gegenstände sind optimal, um sich nicht ablenken zu lassen. Dazu gehört übrigens auch das Handy! Wer arbeitet und nicht zwingend auf einen Anruf vom Chef wartet, sollte sein Handy für diese Zeit ausstellen.

Inzwischen bemerken die meisten von uns nicht einmal mehr, wenn sie ihr Handy in die Hand nehmen. Es ist ein routinierter Umgang entstanden, den wir nur dann wieder erlebbar machen können, wenn das Handy aus ist und von uns bewusst angestellt werden muss um es zu verwenden. Auch wenn das Handy von dir in produktiver Weise verwendet werden kann, wie z.B. durch Recherche, solltest du dir darüber bewusst sein, dass es immer wieder verführt es auch zum eigenen Vergnügen zu benutzen. Wenn du dazu neigst dein Handy sehr häufig zu verwenden, zähle es zu den Motivationen und verwende es nur nach getaner Arbeit.

Überlege noch einmal, welche Dinge, Personen, Gedanken dich an deiner Arbeit hindern und was du tun kannst, um sie entsprechend zu kategorisieren. Es ist stets wichtig, dass Arbeit von Vergnügen, Produktivität und Faulheit usw. stark voneinander abgegrenzt werden. Die klaren Linien werden oft unterschätzt, die Eingrenzung ist essentiell um sich zu steigern. Selbstreflexion und Konzentration sollten inzwischen eingespielte Teile sein, sie sich automatisiert einstellen, sobald du deine Aufgaben beginnst. Vielleicht verfügst du sogar schon über die Routine bei diesen Aufgaben und möchtest dich nun steigern. Wie und in welcher Weise steigerst du dich nun, um noch mehr Potenzial auszuschöpfen?

Kapitel 3

8. Steigerung

Nun nehmen wir uns die nächste Stufe vor. Sie unterscheidet sich nicht sehr von der Anfangsphase, nur dass die Arbeitspäckchen ein wenig anspruchsvoller werden. Bisher hast du sehr kleine Aufgaben gehabt, mit dem Zweck, deine Motivation anzuregen und beizubehalten. Das Motto war Unterforderung anstatt Überforderung und wir haben sehr viel Wert auf deine Motivation gelegt. Nun wird die Motivation verlagert, denn wir beginnen sie aus der Arbeit selbst zu generieren.

Die Basis haben wir bereits geschaffen: Du hast einen ordentlichen Arbeitsplatz, der nur die nötigsten Dinge bereithält. Du verfügst über das Zeitmanagement, kannst deine Zeit sinnvoll einteilen und ziehst am Ende einer Einheit ein Resume über bisher erreichte Schritte. Deine Motivation ist klar abgegrenzt von deiner Arbeit und inzwischen hast du ein positives Gefühl zu deiner Aufgabe entwickelt. Wenn das der Fall ist, bist du schon sehr weit gekommen.

Im nächsten Schritt stellen wir sicher, dass wir eine höhere Ebene erreichen und sich das Niveau anhebt. Dazu musst du bereit sein. Überlege, ob du bisher alle Schritte getan hast und gefestigt bist, eine neue Stufe zu betreten. Dazu musst du nun die Schritte noch einmal durchgehen und sicherstellen, dass du alle bisher aufgezählten Punkte abgearbeitet hast. Mache dir bewusst, dass ohne deinen Einsatz, deiner Reflexion und deiner Motivation keine weiteren Schritte möglich sind.

Fühlst dich jetzt aber bereit und sicher im Umgang mit deiner Aufgabe, können wir einen Schritt weitergehen.

Wir erhöhen die Arbeitszeit. Es kommt jetzt nicht auf die Stundenanzahl an, sondern auf die Einheit bis zu einer Pause. Wir haben anfangs gesagt, dass 45 Minuten gut sind, um die Konzentration gesichert aufrecht zu erhalten. Wir erhöhen auf eine Einheit von 90 Minuten. Der Vorteil ist, dass wir mehr schaffen, da wir unsere Toleranzgrenze erhöht haben und nicht mehr aufgeben möchten, ehe die Zeit vergangen ist. Die Motivation und eine positive Einstellung helfen uns dabei, an der Aufgabe zu bleiben und diese Eigenschaften hast du dir bisher aneignen können. Sollte es die zwischendrin nicht gelingen, so lange an der Aufgabe kontinuierlich zu arbeiten, lege eine zusätzliche Pause von 5-10 Minuten ein. Gehe hierzu an die frische Luft, bewege dich ein wenig oder tue etwas anderes um dich physisch ein wenig zu entlasten. Der Kreislauf kommt in Schwung und der Sauerstoff bewirkt, dass wir neue Ideen entwickeln und danach konzentrierter sind. Pausen sind zwingend notwendig, auch wenn du versuchst die Aufgaben verbissen zu erledigen. Der Ausgleich gehört immer, wie die Arbeit selbst, dazu, sodass du darauf nicht verzichten solltest.

Inzwischen solltest du dich gut genug kennen, um Störfaktoren zu vermeiden, Vermeidungsverhalten zu erkennen und mit anderen Mechanismen vertraut sein, die wir bisher angesprochen haben. Aus diesen Fähigkeiten heraus ist eventuell die Motivation entstanden, dich von allein zu steigern. Auch in Dingen der Lesegeschwindigkeit, Ordentlichkeit, Überprüfung usw. kannst du dich verbessert haben ohne es bewusst zu erkennen. Wenn wir ein gutes Gefühl für eine Sache entwickelt haben, investieren wir automatisch mehr und beginnen uns selbst zu kontrollieren und zu überprüfen. Statt auf die Uhr zu sehen und das Ende der Einheit nicht erwarten zu können, hast du dich schon ertappt, wie du noch schnell alles auf Rechtschreibfehler überprüfen wolltest oder hast an deinem Ausdruck gearbeitet oder eine Einheit länger als geplant gearbeitet. Wenn du länger als die von dir selbst auferlegte Zeit arbeiten wolltest, sollte dir spätestens jetzt bewusst werden, dass du 1. die Arbeitszeit erhöhen musst und 2. dass du Freude und Motivation an deiner Arbeit gefunden hast. Es bedeutet, dass du wieder einen Schritt weiter gekommen bist.

An dieser Stelle nehmen wir den Feinschliff vor. Die Rahmenbedingungen sind geschaffen worden und deine Aufgabe erledigst du inzwischen routiniert und ausgeglichen. Du hast gelernt, wie du auch mit unangenehmen Aufgaben fertig wirst und sie gezielt angehst. Produktiver bist du vor allem in der Phase geworden, in der du deine innere Abwehr oder Motivationsschwäche überwunden hast. Essentiell war hier, dass du wieder Freude an deinen Zielen gefunden hast. Denn die Ziele lassen den Weg nicht so schwer erscheinen und die Freude sorgt dafür, dass du dich über das mindeste Maß hinaus gerne an deiner Arbeit Verbesserungen vornimmst.

9. Techniken zur Verbesserung

Nehme hierzu dein Buch für Erfolge in die Hand und schreibe weiterhin auf, was dich motiviert, welche Techniken und Fortschritte du entwickeln konntest und was du noch verbessern kannst. Du hast ein stabiles Fundament erreicht, an dem du über mögliche Fehler und Verbesserungen nachdenken kannst. Meistens merken wir während der Arbeit bereits, was sich noch verbessern lässt und so kannst du auch während deiner Aufgabe in dem Buch notieren, woran du noch arbeiten solltest. Nach einer gewissen Zeit fallen einem die Kleinigkeiten auf, die man nicht so ausführt, wie man es sich wünschen würde. Vielleicht überlegst du stets wie du die Einleitung beginnen sollst oder verlierst dich z.B. in der Thematik. Solche Probleme lassen sich lösen, indem du im Internet oder in Büchern gleich nach einer Lösung suchst. Wenn du merken solltest, dass die Recherche hierzu zu viel Zeit in Anspruch nimmt, hebe es dir für danach auf. Wenn du dich länger als 10 Minuten damit beschäftigen musst, lenkt es von der eigentlichen Arbeit ab. Nach Möglichkeit hebst du dir die Bearbeitung der Aufgabe, für die noch recherchieren musst, für einen anderen Zeitpunkt auf. Auch wenn es deine Arbeit direkt betrifft, ist es nicht ratsam, sich zu sehr damit zu beschäftigen. Schreibe dir auf, dass du nach einer geeigneten Lösung suchen musst und mache mit der eigentlichen Aufgabe weiter.

10. Produktivität auf verschiedenen Ebenen

Wir sehen die Aufgabe und Produktivität nun aus einer höheren Perspektive. Die Aufgabe war nur stellvertretend für viele Aufgaben, die du in deiner Karriere ableisten musst. Daher werden dir solche Situationen noch häufiger begegnen und auf diese Situationen musst du vorbereitet sein. Wichtig ist, dass du erkennst wie die Steigerung deiner Produktivität und die Fähigkeiten die du entwickelt hast, sich auf jede Aufgabe übertragen lassen. Und vielleicht sogar auf mehr, als nur Aufgaben die mit deiner Karriere im Zusammenhang stehen.

Von der inhaltlichen Perspektive her, sollte das Thema, die Recherche und alles was du sonst um die Aufgabe herum produziert hast nicht einfach vergessen werden. Vielmehr bist du in der Aufgabe gereift, kennst dich gut aus und hast Techniken entwickelt, die du dir bewusst machen solltest und die du durch weitere Arbeiten festigen solltest. Auf diesen Techniken kannst du aufbauen, den Grad der Komplexität deiner Formulierungen oder Inhalte steigern. Nehmen wir an du hast soeben deine Hausarbeit beendet: Dann kennst du dich gut in der Recherche aus, kannst wichtige Informationen erfassen, sie argumentativ in den Kontext deiner eigenen Arbeit einbringen und obendrein hast du eine saubere Ausdrucksweise entwickelt. Aber auf den Fähigkeiten solltest du dich keineswegs ausruhen und bei der nächsten Arbeit solltest du umfassender recherchieren, andere Formulierungen verwenden als bisher, Argumente gezielter einbetten. Um die Steigerung der Produktivität zu erzielen, hilft es, sich nach einiger Zeit (wir sprechen von einigen Monaten) sich die Arbeiten noch einmal anzuschauen, an denen man so hart gearbeitet hat. Du wirst feststellen, dass du dich viel weiter entwickelt hast, als du bisher angenommen hast. Aber halte dir stets vor Augen, dass eine Steigerung nicht von allein kommt und dass du stetig an der Verbesserung arbeiten musst.

Ohne Selbstreflexion und Kontrolle wird es dir nicht gelingen, aus deiner bisherigen

Vorgehensweise einen Schritt weiterzugehen. Wenn du immer auf die gleiche Art und Weise z.B. Arbeiten schreibst, kannst du sie zwar irgendwann einmal ganz schnell und zuverlässig anfertigen. Aber für die Entwicklung deiner Arbeiten, an denen man auch äußerliche wie inhaltliche Prozesse erkennt, wird das nicht reichen. Wenn du dich laufend dem gleichen Wortschatz bedienst, kannst du während deiner Arbeit über Synonyme nachdenken. Sätze können in der deutschen Sprache sehr stark variieren, sodass du die zeitliche Angabe innerhalb des Satzes verschiebst und dadurch Akzente setzt . Nachdem du inzwischen Profi solcher Aufgaben bist, wird es dich nicht viel Zeit kosten nach solchen kleinen Details zu recherchieren. Dir wird bereits selbst aufgefallen sein, dass du schon nach Verbesserungen gesucht hast.

Auch dein Umfeld wird diese Entwicklung bemerken und dein Chef wird womöglich nach einer Weile auf deine Fortschritte aufmerksam. Es ist nicht nur die Entwicklung die andere bemerken, sondern anderen wird auffallen, wie motiviert und ehrgeizig du an deinen Aufgaben bleibst. Die meisten von uns sind bequem und bleiben bei einer Art die Dinge anzugehen. Es gibt Bereiche, in denen wir sogar darauf angewiesen sind Prozesse beizubehalten, wie z.B. Produktionen, also

Fließbandarbeit oder Bäckereien, die ihre Rezepte nicht einfach ohne weiteres ändern können. In einem höheren Kontext geht das jedoch schon, z.B. dann, wenn der Bäcker feststellt, dass sich ein gewisses Produkt nicht zufriedenstellend verkauft und er darauf angewiesen ist, das Produkt zu verbessern. Entscheidend ist zu erkennen, wo Produktivität gesteigert werden muss und welche Prozesse beibehalten werden sollten. Wenn dein Chef dir aufgetragen hat, einen vollkommen objektiven Bericht zu schreiben, wird deiner Kreativität und Freiheit natürlich eine gewisse Grenze gesetzt. Aber für alle anderen Aufgaben gilt, dass man sie und vor allem sich selbst verbessern kann.

Und die Verbesserung an sich, lässt sich auch auf andere Bereiche übertragen, wie dem Alltag z.B.: Es gibt einige Dinge die von dir erledigt werden sollten und du verbringst die Zeit in höchst unproduktiver Weise zu Hause oder mit dem Computer. Klare Grenzen im Zeitmanagement helfen dir auch hier, deinen Tag produktiver zu gestalten. Der Ablauf ist derselbe wie anfangs beschrieben: Zunächst musst du Prioritäten setzen, dann deine Zeit sinnvoll einteilen usw. Um die Produktivität überall zu steigern, musst du auch hier nachdenken, woran es liegt, dass du gewissen Dinge nicht zufriedenstellend erledigst. Bei Hausarbeiten ist es oft so, dass man keine psychologischen Ursachen erkennen muss, sondern dass es sich hier um Faulheit handelt, bei der man weniger nachdenken sollte, als die Arbeiten einfach anzugehen. Wenn es sich aber um ein Bündel an Aufgaben handelt, die mit dem Handwerker, der Waschmaschine, den Nachbarn zu tun haben, solltest du eine To-Do Liste anfertigen. Bei solchen Aufgaben handelt es sich nicht um Bereiche, in denen man seine Produktivität steigern könnte. Sie müssen einfach erledigt werden und dazu muss man sich einfach ein wenig disziplinieren.

Die meisten Aufgaben bewältigen wir im Alltag ohne viel Zutun und wir managen sie zeitlich ohne weitere Probleme. Für alle anderen Fälle, die dir bisher Schwierigkeiten bereitet haben, hast du jetzt genügend Strategien entwickelt, um sie erfolgreich zu meistern.

Impressum

Text: Copyright © 2017 by Sophia Thiemann

Impressum und Verlag Sophia Thiemann

c/o Papyrus Autoren-Club, R.O.M. Logicware GmbH Pettenkoferstr. 16-18, 10247 Berlin

Alle Rechte vorbehalten.

Nachdruck oder Kopieren, auch auszugsweise, ist ohne Erlaubnis des Autors nicht gestattet.

Cover-Foto : vasabii/ https://www.shutterstock.com/image-vector/vector-set-conceptual-flat-line-illustrations-360929870?src=x01x1INlJ4scg6VxpDVjWw-1-8

Wichtiger Hinweis:

Die in diesem Buch enthaltenen Informationen dienen ausschließlich informativen Zwecken und dürfen unter keinen Umständen als Ersatz für eine professionelle Beratung oder Behandlung durch ausgebildete und anerkannte Ärzte angesehen werden. Diese beinhalten keinerlei Empfehlungen bezüglich bestimmter Diagnose- oder Therapieverfahren. Die Inhalte dürfen niemals als eine Aufforderung zur Selbstbehandlung oder als Grundlage für Selbstdiagnosen und -medikation verstanden werden. Die Informationen spiegeln lediglich die Meinung des Autors wieder. Der Autor übernimmt für die Art oder Richtigkeit der Inhalte keine Garantie, weder ausdrücklich noch impliziert.

Sollten Inhalte des Buches gegen geltendes Recht verstoßen, dann bittet der Autor um umgehende Benachrichtigung. Die betreffenden Inhalte werden dann umgehend entfernt oder geändert.

Haftung für Links

Das Buch enthält Links zu externen Webseiten Dritter, auf deren Inhalte wir keinen Einfluss haben. Deshalb können wir für diese fremden Inhalte keine Gewähr übernehmen. Für die Inhalte der verlinkten Seiten ist stets der jeweilige Anbieter oder Betreiber der Seiten verantwortlich. Die verlinkten Seiten wurden zum Zeitpunkt der Verlinkung auf mögliche Rechtsverstöße überprüft. Rechtswidrige Inhalte waren zum Zeitpunkt der Verlinkung nicht erkennbar. Eine permanente inhaltliche Kontrolle der verlinkten Seiten ist jedoch ohne konkrete Anhaltspunkte einer Rechtsverletzung nicht zumutbar. Bei Bekanntwerden von Rechtsverletzungen werden wir derartige Links umgehend entfernen.

www.ingramcontent.com/pod-product-compliance
Lightning Source LLC
Chambersburg PA
CBHW050029230526
45470CB00003B/1198